Inhaltsverzeichnis

Vorwort

Liebe Kolleginnen und Kollegen,

wie oft haben Sie schon gedacht, dass sie doch lieber „nein“ gesagt hätten?
Es gibt so viele verschiedene Situationen in denen man „ja“ sagt und eigentlich doch „nein“ gemeint hat.
Aber wie lernt man „nein“ zu sagen?
Gerade Kinder und Jugendliche werden in unserer heutigen Zeit schon früh „verführt“ durch die Medien, Freunde, allerlei Einflüsse „ja“ zu sagen: ja zum Hamburger, zum Handy, zum Fußballclub ...
Sie müssen aber auch lernen, „stopp“, „halt“, „nein“ zu sagen.
Damit muss es erklärtes Ziel für uns Pädagogen sein, das Selbstbewusstsein und den Charakter der Schüler dahingehend zu stärken, dass sie eben diese Fähigkeit erlernen.
Besonders in der Phase der „Pubertät“ - diesem Ausnahmezustand, wo mahnende Worte und gut gemeinte Ratschläge eher genau das Gegenteil bewirken, müssen die Jugendlichen ihren Standpunkt kennen und auch dafür einstehen und diesen behaupten können.

Hierbei bietet sich die Lektüre „Ich hätte nein sagen können“ von Annika Thor an, die in den Klassen 5–8 im Deutschunterricht gelesen werden kann.
Sie bietet inhaltlich eine große Identifikationsmöglichkeit und zudem Themenaspekte, die die Schüler in diesem Alter ansprechen.

Zur Vorbereitung
Das Literaturprojekt bietet verschiedene Möglichkeiten der Anwendung in Ihrem Unterricht. Was sich anbietet ist, dass jedes Kind einen Schnellhefter mit genügend linierten Blättern hat. Zudem sollten Stifte, Marker, Kleber und Schere immer dabei sein.
Die Lektüre wird in den kommenden Stunden immer mitgeführt.

Zur Durchführung
Die Lektüre kann Kapitel für Kapitel gelesen werden, dann werden die Arbeitsblätter lesebegleitend eingesetzt.
Die Schüler können jedoch auch erst die ganze Lektüre – oder abgesprochene große Abschnitte – lesen.
Die Arbeitsblätter werden als „Lerntheke“ angeboten, die Schüler können Reihenfolge und Sozialform frei wählen.

Ich wünsche Ihnen viel Spaß und Erfolg bei der Arbeit mit „Ich hätte Nein sagen können“.

Melanie Grade

Arbeitsblatt 1

Romantagebuch

Du liest, wahrscheinlich gemeinsam mit deiner Klasse, den Roman „Ich hätte Nein sagen können“. Dieses Buch ist als Taschenbuch erschienen und umfasst 160 Seiten. Insgesamt ist die Handlung in 35 Kapitel eingeteilt. Wenn du nun den Romantext liest, wirst du vieles gut behalten und dich auch nach ein paar Wochen noch an den Inhalt erinnern. Aber vielleicht entfällt dir doch das eine oder andere oder du weißt die genaue Reihenfolge nicht mehr, hast vergessen, welche Personen sich wie verhalten haben. Es kann ja auch möglich sein, dass ihr über den Roman eine Klassenarbeit schreibt und du möchtest vorher noch einmal alles wiederholen. Für diese Arbeit stellt ein so genanntes Romantagebuch (manche nennen es auch Lesetagebuch) eine geeignete Hilfe dar. Das Führen eines solchen Tagebuches bietet sich an, um das Wichtigste eines Romantextes zu behalten.

Bestimmt weißt du, was ein Tagebuch ist. Vielleicht führst du ja selbst ein solches Buch. Ähnlich wie mit diesem „normalen“ Tagebuch verhält es sich auch mit dem Romantagebuch. Während in das „normale“ Tagebuch meist Eintragungen über Erlebnisse, Begegnungen, Gedanken eines Tages vorgenommen werden, enthält das Romantagebuch Eintragungen für jedes Kapitel (oder anders bezeichnete Sinnabschnitte) eines literarischen Textes.

Ein solches Tagebuch wird begleitend zum Lesen des Romans geführt. Wie oben bereits erwähnt, ist es am besten, wenn du zu jedem Kapitel Eintragungen im Romantagebuch vornimmst.
Es ist sinnvoll, die Bezeichnung des Kapitels, die Seitenzahl sowie den wichtigsten Inhalt in einem solchen Romantagebuch aufzunehmen. Darüber hinaus spielen Personen eine wichtige Rolle, die im Romantagebuch kurz beschrieben bzw. charakterisiert werden können. Auch sollte Platz für eigene Gedanken zum Inhalt des jeweiligen Kapitels zur Verfügung stehen.

Wie du ein Romantagebuch führen kannst, ersiehst du aus dem Muster (DIN-A4-Querformat) auf der nächsten Seite. Selbstverständlich kann auch eine andere Gliederung vorgenommen werden. Allerdings ist es sinnvoll, wenn ihr euch in der Klasse auf eine Form des Romantagebuches einigt.

NEIN

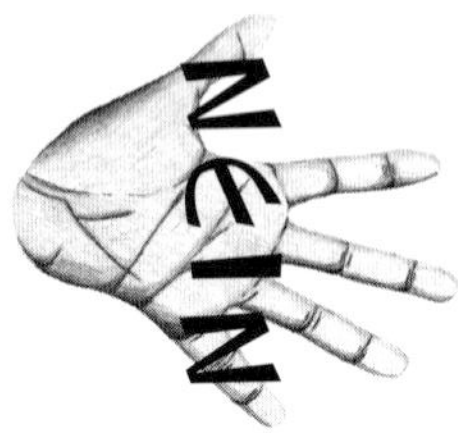

Romantagebuch

zum Roman „Ich hätte Nein sagen können“
von Annika Thor, erschienen im Beltz & Gelberg Verlag, 2008[5]

Kapitel	Seite	Kurze Beschreibung der Handlung	Ort und Zeit	Personen-beschreibung	Besonderheiten	Eigene Gedanken

Arbeitsblatt 2

Über die Buchautorin

Annika Thor, die Autorin unserer Klassenlektüre, kommt aus Schweden. Auf der zweiten Seite der Taschenbuchausgabe erfährst du ein wenig über diese Autorin. Da dies noch nicht sehr viel ist, wäre es sinnvoll, nach anderen Informationsmöglichkeiten zu suchen (z. B. Internet, Buchhandlung ...).

Aufgaben:

1. Fertige einen Steckbrief (Muster siehe unten) über die Autorin an. Selbstverständlich kannst du „deinen" Steckbrief auch anders gestalten.
2. Kennst du andere berühmte schwedische Schriftsteller? Nenne ihre Namen und einige ihrer bekanntesten Werke.
   Vielleicht möchtest du für diese Person noch einen weiteren Steckbrief anfertigen?

Steckbrief

Hier ist Platz für ein Porträt der Autorin

Name: ______________________

Vorname: ______________________

Geburtstag: ______________________

Geburtsort: ______________________

Familienstand: ______________________

Wohnort: ______________________

Schulbildung: ______________________

Berufsbildung: ______________________

Hobbies: ______________________

Werke: ______________________

____

NEIN ______________________

Arbeitsblatt 3

Gesucht wird: Schweden!

Wie ihr wisst, kommt Frau Thor aus Schweden.
Vielleicht kennen einige von euch Schweden bereits – aus dem Urlaub, aus Büchern, dem Fernsehen …
Auf dieser Seite ist eine Karte von Europa abgedruckt. Schweden liegt – genau wie Deutschland – in Europa.

Aufgaben:

1. Markiere auf der Karte Schweden mit einem farbigen Stift.
2. An welchem Meer / welchen Meeren liegt Schweden?
3. Wie heißen Schwedens Nachbarländer?
4. Wie kann man von Deutschland aus Schweden erreichen?
5. Fertige ein Länderporträt von Schweden, in dem du auf Folgendes eingehst: Lage, Größe, Einwohnerzahl, Hauptstadt, Landschaften, Regierungssystem, Wirtschaft, Kultur und Lebensstil (Essen, Feste, Freizeit usw.).
6. Stellt eure Informationen zu einer gemeinsamen Wandzeitung zusammen.

Atlas, Länderlexika, Reiseprospekte und das Internet helfen hier weiter.

BVK LP13 • Melanie Grade: Literaturprojekt „Ich hätte Nein sagen können“

NEIN

Arbeitsblatt 4

Einband (oder auch Buchdeckel genannt)

Als erstes nimmt man den Einband eines Buches wahr. Vielleicht erregt er unsere Aufmerksamkeit, macht uns neugierig (oder auch das Gegenteil), lässt erste Vermutungen über den Inhalt zu, wirft Fragen auf. Zum Titelbild gehören der Titel („Ich hätte Nein sagen können“) und die Illustration. Bei der abgebildeten Taschenbuchausgabe besteht der Einband aus einer Illustration, die eine bestimmte Szene zeigt.

Aufgaben:

1. Was erwartest du von diesem Buch, wenn du den Titel liest? Worum könnte es in diesem Buch gehen? Schreibe deine Vermutungen auf.
2. Betrachte anschließend das Bild auf dem Einband. Beschreibe es kurz und überlege, worum es bei der dargestellten Szene gehen könnte. Schreibe deine Vermutungen auf.
3. Macht dich der Einband (Titel und Illustration) des Buches neugierig? Begründe deine Antwort.

Annika Thor „Ich hätte Nein sagen können“ © Beltz & Gelberg in der Verlagsgruppe Beltz, Weinheim und Basel

Arbeitsblatt 5

Ich begreife nicht, wie es so kommen konnte (Seite 5)

Vor dem eigentlichen ersten Kapitel des Romans ist ein kursiv geschriebener Text abgedruckt, der die Gedanken der Ich-Erzählerin wiedergibt. Man bezeichnet einen solchen Text auch als „inneren Monolog“. Tagebuchaufzeichnungen werden oftmals als innere Monologe festgehalten. Im Laufe der weiteren Romanhandlung tauchen diese Textteile häufiger zwischen den einzelnen Kapiteln auf.

Aufgaben:

1. Lies den Text, stelle Vermutungen zu den folgenden Punkten an und schreibe sie auf:
   - Um was für einen Text könnte es sich hierbei handeln?
   - Welchen Zweck könnte dieser Text erfüllen?
   - Wer könnte ihn geschrieben haben (männlich / weiblich, jung / alt etc.)?
   - Wovon könnte die Rede sein?
2. Stellt euch eure Vermutungen gegenseitig vor und diskutiert sie mit eurem Partner oder auch in der Klasse.

Info: Innerer Monolog

Ein „innerer Monolog“ stellt eine Form des Erzählens dar. Er wird meist in der 1. Person Indikativ Präsens (1. Person Wirklichkeitsform Gegenwart) geschrieben. Er kann auch in der 2. Personalform verfasst werden.
Beim inneren Monolg wird die Innensicht des Erzählers deutlich. Er spricht sozusagen mit / zu sich selbst. Dabei werden diese „wörtlichen Reden“ nicht in Anführungszeichen gesetzt. Der Erzähler schlüpft in eine Figur hinein und versucht, deren Gedanken, Gefühle und Wahrnehmungen wiederzugeben.

Beispiel:
Silke sitzt zu Hause und starrt das Telefon an. Warum ruft er nicht an? Ob etwas passiert ist? Sie greift zum Hörer und wählt seine Nummer.

BVK LP13 • Melanie Grade: Literaturprojekt „Ich hätte Nein sagen können“

Arbeitsblatt 6

Innere Monologe / Tagebuchaufzeichnungen

Die Ich-Erzählerin Nora denkt immer wieder über das Geschehene nach und bewertet z. B. auch ihr eigenes Verhalten. Dies ist im Buch zu Beginn des Romans und häufig zwischen zwei Kapiteln durch die kursiv geschriebenen Texte dargestellt. Bei dem Text auf der Seite 5 und an weiteren Stellen im Buch tauchen – wie du bereits erfahren hast – so genannte „innere Monologe“ auf. In diesem Roman sind dies meist Vorausdeutungen auf das künftige Geschehen. Denkbar ist auch, dass es sich hierbei um Tagebuchaufzeichnungen der Ich-Erzählerin handelt.

Aufgaben:

1. Was beschreibt die Erzählerin in diesen „inneren Monologen“?
2. Suche einen solchen Zwischentext heraus und beantworte die Frage, wie sich die Schreiberin fühlt, was sie beschäftigt.
3. Kläre mit deinem Partner, was ein Tagebuch ist und was da gewöhnlich hineingeschrieben wird.
4. Schreibst du auch Tagebuch? Aus welchen Gründen schreibst du es?
   Was schreibst du in dein Tagebuch hinein? Dürfen auch andere Personen (z. B. deine Eltern, Geschwister ...) dein Tagebuch lesen?
   Begründe deine Antwort.
5. Welche Bedeutung kann das Führen eines Tagebuchs für den Schreiber haben?

Arbeitsblatt 7a

Einen Freund wie dich sollte jeder haben (Seite 6–10)

Im ersten Kapitel lernst du die ersten Personen des Buches kennen. Für die Erzählerin ist es der erste Schultag nach den Ferien und nach einer langen Krankheit. Nun weißt du auch schon, dass es sich um ein Mädchen handelt, das in diesem Roman erzählt.

Die Erzählerin dachte immer, Sabina sei ihre beste Freundin. Doch nach den Ferien ist alles anders.

Aufgaben:

1. Lies das erste Kapitel.
2. Die Geschichte wird aus der Ich-Perspektive erzählt. Was möchte die Autorin damit erreichen?
3. Beschreibe die Erwartungen, die die Erzählerin an den ersten Schultag hat. Worauf freut sie sich besonders? Wird diese Vorfreude erfüllt?
4. Stelle Vermutungen darüber an, was sich wohl im Verhältnis zwischen Sabina und der Erzählerin geändert haben könnte. Wodurch ist es entstanden?
5. Versetze dich in die Lage der Erzählerin. Du gehst mit dieser Vorfreude in die Schule. Wie würdest du dich am Ende des Kapitels fühlen?
6. Hast du auch eine beste Freundin / einen besten Freund? Was bedeutet diese Freundschaft für dich?
   Gestalte eine Postkarte für deinen Freund / deine Freundin. Auf der Vorderseite der Postkarte sollte der Satz stehen:
   „Einen Freund wie dich sollte jeder haben.“
   Schreibe auf die Rückseite:
   Was ist es, das dein Freund / deine Freundin für dich zu so einem guten Freund / einer guten Freundin macht? Was kann man gut mit ihr / ihm machen? Was magst du besonders an ihr / ihm? Du kannst auch ein Bild dazu malen.

Arbeitsblatt 7b

Hinweis: An der gestrichelten Linie kannst du die Postkarte zusammenfalten. So ergeben sich Vorder- und Rückseite der Karte.

Arbeitsblatt 8

Personenbeschreibung / Charakteristik der Hauptperson(en)

Bei einer Personenbeschreibung wird vor allem das Äußere einer Person dargestellt (z. B. Alter, Größe, Haarfarbe, Kleidung o. Ä.). Die Charakteristik will den Charakter (das „Innere") eines Menschen beschreiben, also darstellen, wie jemand denkt und handelt, was für ihn wichtig und unwichtig ist, welche Eigenschaften, welche Gefühle er hat. Selbstverständlich spielt auch die Umgebung einer Person eine große Rolle (Elternhaus, Freunde, Wohnverhältnisse usw.)

Aufgabe:
Suche mindestens eine Hauptperson aus dem Roman aus und beschreibe sie ausführlich. Selbstverständlich kannst du dies nicht schon nach dem Lesen des ersten Kapitels. Dazu musst du noch einige Kapitel mehr gelesen haben. Aber damit du schon weißt, wie du eine Personenbeschreibung bzw. eine Charakteristik anfertigen kannst, findest du auf Seite 13 eine Vorlage für einen „Steckbrief", in dem du „deine" Person beschreiben kannst.

Am Ende der Lektüre trägst du dann alle Informationen zusammen und schreibst daraus einen zusammenhängenden Text. Hierbei sollst du mit deinen eigenen Worten die Person so deutlich wie möglich beschreiben!

TIPP: Wenn du dich für eine Person entschieden hast, markiere bereits während des Lesens die Stellen im Buch, die etwas über deine Person aussagen.
Hierbei ist es noch hilfreicher, wenn du für jeden Schwerpunkt eine andere Farbe wählst.

Steckbrief

Name der Person: ______________________________

Alter: ______________

Infos zur Person: ______________________________

____

____

____

____

____

Freunde: ______________________________

____

____

____

Besonderheiten: ______________________________

____

____

____

____

____

____

____

Arbeitsblatt 9a

Nora fühlt sich als Außenseiterin (Seite 11–22)

In diesen Kapiteln erfährt Nora, wie es ist, als Außenseiterin behandelt zu werden. Beziehe auch den Text auf Seite 22 mit in deine Überlegungen ein.

Aufgaben:

1. Zu Beginn der Musikstunde hören die Schüler Musik. Anschließend fordert die Lehrerin ihre Schüler auf zu erzählen, woran sie während des Musikhörens gedacht haben. Nora muss an Sabina denken. Sie wird von Sabina aufgefordert, einen Brief an Fanny weiterzugeben. Wie nimmt Nora diese Situation wahr? Wie fühlt sie sich dabei?
2. Auch während der Pause hat Nora ein komisches Gefühl. Beschreibe es. Worin liegen die Ursachen hierfür?
3. Fertige nun von jedem der Kinder eine Personenkarte an (Kartenvordruck siehe unten) und schneide sie aus. Lege die Karten so auf den Tisch, wie die Kinder auch auf dem Schulhof zueinander stehen.
   Als noch zwei Personen hinzukommen, verändert sich das Verhalten der Kinder zueinander. Lege die Karten entsprechend. Was fällt dir auf?
4. Überlege mit deinem Partner, wie sich die anderen beiden Personen hätten stellen können, um Nora mit einzubeziehen. Sucht Lösungen.
5. Wie schätzt ihr Fannys Verhalten ein? Nehmt kritisch Stellung.
6. Auch die anderen Kinder hätten sich anders verhalten können. Nennt und besprecht Beispiele für andere Verhaltensweisen.
7. Erkennt Nora ihre Außenseiterposition? Begründet eure Antwort.

✂

Tobbe	Emil	Sabina	Nora	Fanny

BVK LP13 • Melanie Grade: Literaturprojekt „Ich hätte Nein sagen können“

Arbeitsblatt 10a

Gefällt dir dieser Pullover? (Seite 23–24)

Es gibt Situationen im Leben, da möchte man gerne einfach unsichtbar werden und sprichwörtlich im Boden versinken. Auch Nora muss eine solche Situation erleben.

Aufgaben:

1. Spielt diese Situation. Bildet Gruppen mit je fünf Schülern. Hierbei übernimmt jeder eine Rolle und erhält dazu eine passende Rollenkarte.

2. Ergänzt die Rollenkarten mit den Informationen, die ihr bisher über die fünf Kinder erhalten habt. Dies soll euch helfen, euch besser in die Person hineinversetzen zu können!

3. Nun schlüpft jeder in seine Rolle. Spielt die Szene nach.

Ihr könnt auch die Szene umschreiben und ihr eine neue Wendung geben! Hierbei könntet ihr die folgenden Punkte beachten:

- Wie hätte Nora auf Fannys Bemerkung noch reagieren können?
- Was hätte Sabina machen können?

Arbeitsblatt 10b

Rollenkarten

Nora

So bist du: ______________________________

____

So fühlst du dich: ______________________________

____

Sabina

So bist du: ______________________________

____

So fühlst du dich: ______________________________

____

Fanny

So bist du: ______________________________

____

So fühlst du dich: ______________________________

____

Emil

So bist du: ______________________________

____

So fühlst du dich: ______________________________

____

Tobbe

So bist du: ______________________________

____

So fühlst du dich: ______________________________

____

Arbeitsblatt 11

Noras Zuhause (Seite 25–30)

Im ersten der beiden Kapitel erhältst du einen ersten Einblick in Noras Zuhause und im zweiten Kapitel begegnet sie ihrer Mitschülerin Karin in Ismets Laden.

Aufgaben:

1. Beschreibe Noras Familienverhältnisse!
2. Warum will Nora gerade jetzt einen neuen Pullover und warum diesen?
3. Hätte sie sich eine Woche vorher auch einen solchen Pullover ausgesucht? Überlege und begründe deine Antwort.
4. Wenn man einen neuen Pullover / oder etwas Neues zum Anziehen haben möchte, hat man oft einen „Anlass“: eine Party, jemanden, den man beeindrucken möchte usw.
   Welchen „Anlass“ hat Nora?
5. Gerade das Thema Mode, die Kleidung spielt bei Kindern und Jugendlichen eine große Rolle. Oft sind es die Kleider, die jemanden aus einer Gruppe ausschließen oder ihm den Zugang zu einer Gruppe ermöglichen. Mit der „richtigen“ Kleidung kann man „in“ oder mit der „falschen“ Kleidung „out“ sein.
   Was hältst du davon, dass die „Klamotten“ eines Menschen anscheinend in der Bewertung durch andere eine so große Rolle spielen? Berichte von deinen Erfahrungen. Tausche deine Erfahrungen mit deinen Mitschülern aus.
6. Stelle Vermutungen darüber an, warum Karin wartet, bis Nora den Laden Ismets verlassen hat.
7. Lies den Zwischentext auf S. 30. Hat Nora eine Ahnung, warum Karin auf sie wartet?

NEIN

Arbeitsblatt 12

Begegnung mit Karin (Seite 31–35)

Karin begleitet Nora beim Hundeauslauf. Karin versteht sich gut mit Cookie, Noras Hund. Sie verbringen eine lange Zeit gemeinsam im Park. Als sie Sabina und die Clique von weitem sehen, „flüchten“ sie unerkannt.

Aufgaben:

1. Nora hatte ursprünglich nicht vor, ihre Zeit mit Karin zu verbringen. Sie wollte eigentlich in den Park zur Clique. Nimm Stellung zu der folgenden Aussage: „Außerdem hatte ich beschlossen, an der Stelle im Park vorbeizugehen, wo sich die Clique immer traf. Nur so rein zufällig. Vielleicht würden sie ja mit mir reden.“ Was sagt das über Nora und ihr Verhältnis zu der Clique aus?

2. Stelle dir vor, Nora wäre alleine in den Park gegangen und dort der Clique begegnet. Überlege, was deiner Meinung nach passiert wäre und schreibe es auf.

3. Nora sagt im Zwischentext (S. 35): „Wir (damit meint sie Karin) hätten Freundinnen sein können, richtige Freundinnen.“ Aber warum kann sie nicht Karins Freundin sein? Und wie passt das zu der Aussage (S. 31): „Uns konnte ja keiner sehen, und es gab keinen Grund unfreundlich zu sein.“?

4. Was ist das für ein Mädchen, diese Karin? Fertige eine vorläufige Charakteristik. Im Laufe der weiteren Romanhandlung wirst du diese Charakteristik ergänzen können.

Arbeitsblatt 13

Die Clique

Aufgaben:
1. Nun hast du schon so viel von der Clique gehört. Wer gehört denn dazu?
2. Warum möchte Nora auch zu der Clique gehören?
3. Und nun bist du dran: Was ist für dich eine Clique?
4. Wodurch unterscheiden sich Cliquen?
5. Bist du in einer Clique? Oder wärst du gerne in einer Clique?
6. Ist es schwer, in eine Clique „reinzukommen“? Was meinst du?

Zusatzaufgaben:
- Wenn du Nora wärst (oder eben ein Junge in derselben Situation): Wolltest du in diese Clique?
- Hat Nora deiner Meinung nach eine Möglichkeit, in die Clique zu kommen?

Arbeitsblatt 14

Trommeln und Tagebucheintrag (Seite 36–38)

Nora kommt heim und trifft auf ihre Mutter und Felix. Sie hat keine Möglichkeit, über das Erlebte zu sprechen. Man sagt ja, dass man viele Dinge im Traum aufarbeitet.
Und genau das macht Nora auch.

Aufgabe:
Deute Noras Traum.

Zusatzaufgabe:
Du kannst auch eine Zeichnung von dem Traum anfertigen.

Arbeitsblatt 15

Tor! (Seite 39–42)

Die Mädchen aus Noras Klasse nehmen an einem Fußballspiel gegen eine andere Schule teil. Nora schießt ein Tor, Karin macht einen Fehler, Fanny ist sauer und Sabina bekommt den „schwarzen Blick“.

Aufgaben:

1. Nora schießt ein wichtiges Tor. Wie beschreibt sie ihre Gefühle nach dem Torschuss? Kennst du auch solche Situationen? Erzähle davon.
2. Fußball ist ein Teamsport. Verhalten sich alle Mädchen wie Teamspielerinnen? Begründe deine Antwort. Berücksichtige dabei vor allem die Vorwürfe von Fanny gegenüber Karin.
3. Am Ende des Spiels, nachdem Nora erneut ein Tor geschossen hatte, bekam Sabina den „schwarzen Blick“. Was ist damit gemeint? Äußere deine Vermutungen.

Zusatzaufgabe:

Spielst du Fußball oder übst du einen anderen Mannschaftssport aus?
Hast du eine ähnliche Situation schon einmal erlebt?
Und wie wurde sie gelöst? Berichte.

Arbeitsblatt 16

Ampelsystem

Eine gute Möglichkeit, Konflikte zu bewältigen, ist nach dem „Ampelsystem“ zu handeln.

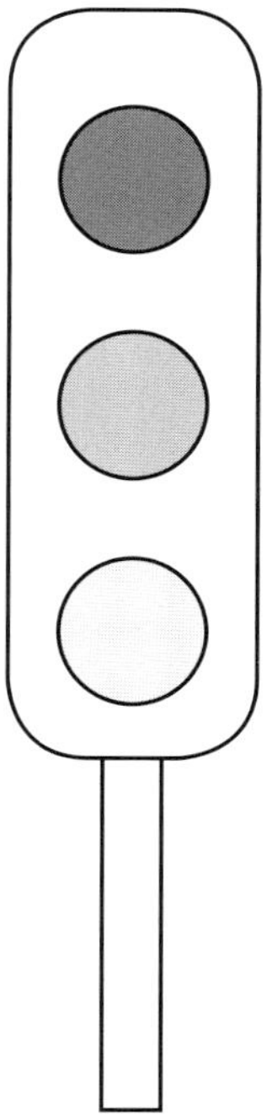

Halte an, beruhige dich und denke, bevor du handelst!

Benenne das Problem und sage, wie du dich fühlst:
- Setze ein positives Ziel!
- Denke an viele Lösungen!
- Bedenke im Voraus die Folgen!

Gehe los und probiere es mit dem besten Plan!
So werden Konflikte vermieden!

Aufgaben:

1. Überlege dir nun, wie die Sache auf dem Fußballfeld mit dem „Ampelsystem“ hätte gelöst werden können.
   Bildet Paare, wobei einer Karins und einer Fannys Rolle übernimmt.

2. Löst den Konflikt mit Hilfe des Ampelsystems!

3. Anschließend spielt ihr die Situation vor der Klasse vor.
   Hier sollt ihr dann diskutieren, ob ihr den Konflikt gut gelöst habt!

4. Überlege dir, worin der Vorteil des „Ampelsystems“ liegt.

5. Was kann schnell passieren, wenn man die Schritte des „Ampelsystems“ nicht einhält?

Arbeitsblatt 17

„Halt“ sagen (Seite 43)

Dieser Tagebucheintrag wird erst später geschrieben und nicht direkt nach dem Fußballspiel.

Aufgaben:

1. Nora spricht in dem Tagebucheintrag davon „Halt“ zu sagen, wenn etwas passiert, was nicht passieren darf. Untersuche im nächsten Kapitel, wann sie hätte „Halt“ sagen können!
2. Schreibe die Stelle heraus und begründe, warum sie hätte „Halt“ sagen müssen.
3. Sie spricht auch davon, sich nicht darum zu kümmern, was die Leute von einem halten. Was könnte sie damit gemeint haben?
4. Dann sagt sie noch, dass man erkennen soll, wer ein richtiger Freund ist. Wen könnte sie damit gemeint haben?
5. Beschreibe, wie für dich ein richtiger Freund sein soll.

BVK LP13 • Melanie Grade: Literaturprojekt „Ich hätte Nein sagen können“

Arbeitsblatt 18a

Duschst du eigentlich nie? (Seite 44–47)

Dem Fußballspiel folgt ein Nachspiel unter der Dusche.
Wie du an einigen Stellen im Roman bestimmt schon festgestellt hast, handelt es sich bei dem Verhalten der Mädchen einander gegenüber häufig um Mobbing. (Siehe Info auf dem Arbeitsblatt 18b.) Und Mobbing spielt auch in der Duschszene eine große Rolle.

Aufgaben:

1. Nach dem Fußballspiel treffen sich die Spielerinnen in der Dusche. Alle duschen, nur Karin nicht. Kannst du dir vorstellen, warum sie sich scheut, mit den anderen Mädchen unter die Dusche zu gehen? Beschreibe deine Vermutungen.
2. Welche anderen Verhaltensmöglichkeiten hätten sich für Karin angeboten?
3. Beschreibe die Mobbing-Situation im Duschraum und bewerte das Verhalten der Beteiligten:
   - Inwiefern hat sich Karin hier „falsch“ verhalten?
   - Was hättest du an Karins Stelle getan?
   - Was hätte Nora tun können? Was hätte sie machen müssen? Warum hat sich Nora **so** verhalten?
   - Warum haben sich Fanny, Sabina und Maja so verhalten?
4. Natürlich bekommt die Sportlehrerin den Zwischenfall mit. Nachdem Karin fort ist, lässt sie sich von einem Mädchen den Vorfall unter der Dusche erzählen. Schreibt einen Dialog. Das Mädchen erzählt und die Sportlehrerin antwortet und hinterfragt. Übt anschließend den Dialog ein und sprecht ihn auf Band oder tragt ihn der Klasse vor.

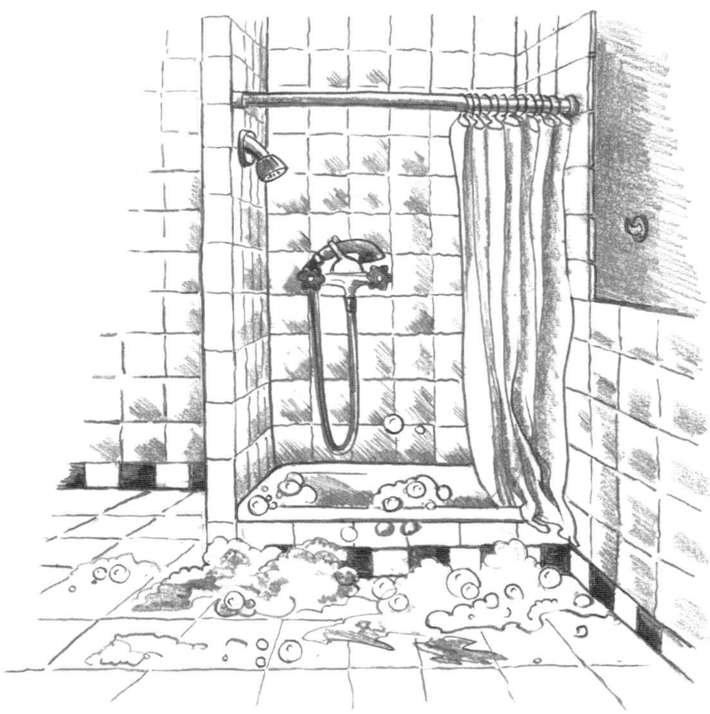

Arbeitsblatt 18b

Mobbing

Mobbing gilt als ein Hauptproblem im Umgang von Schülerinnen und Schülern in der Schule miteinander. Doch was genau versteht man eigentlich unter diesem Begriff?

Beim Mobbing sind in der Regel die Streitpartner nicht gleich „stark“.
Das Mobbingopfer ist dem oder der anderen unterlegen. Das hat zur Folge, dass die gemobbte Person auf die Hilfe von außen, das heißt auf Mitmenschen, angewiesen ist.

Zweifellos handelt es sich bei der Situation im Duschraum um Mobbing gegen Karin. Aber auch schon früher gab es in der Romanhandlung Situationen, die man als Mobbing bezeichnen muss:

- Inwiefern wird Karin gemobbt? Nenne Beispiele aus dem Buch.
- Was wollen die Schülerinnen mit dem Mobbing erreichen?
- Was kann man tun, wenn man merkt, dass man gemobbt wird?
- Was kann man tun, wenn man mitbekommt, dass jemand gemobbt wird?

Auch im weiteren Verlauf der Handlung wird das Thema Mobbing eine große Rolle spielen. Achte hierauf besonders.

Auf dieser und der nächsten Seite findet ihr nun Möglichkeiten (meist handelt es sich um eine Art Rollenspiel) zur Vorbeugung bzw. Vermeidung von Mobbing. Wählt aus dem Angebot eines aus und führt das „Spiel“ durch.

Infokarte: Mobbing

Das Wort Mobbing stammt aus dem Englischen und bedeutet: Anpöbeln, Fertigmachen (mob = Pöbel / mobbish = pöbeln).
Darunter versteht man Handlungen negativer Art, die durch eine oder mehrere Personen gegen einen oder mehrere Mitschüler (oder Mitarbeiter, Kollegen etc.) regelmäßig gerichtet sind. Mobbing steht für alle böswilligen Handlungen, die das Ziel haben, einen Mitschüler … fertig zu machen.

So ist Mobbing eine Form von Gewalt. Dabei unterscheidet man zwischen psychischer (seelischer) und physischer (körperlicher) Gewalt. Zur psychischen Gewalt gehört beispielsweise:

- ein Mitschüler wird ständig ausgegrenzt
- eine Mitschülerin wird regelmäßig ausgelacht, beschimpft oder angepöbelt
- wichtige Informationen werden vor dem anderen zurückgehalten
- jemand wird verpetzt
- Gerüchte und Lügen werden über eine Person verbreitet.

Beispiele für physische Gewalt:

- Schulsachen werden zerstört
- ein Mitschüler wird geschlagen
- eine Mitschülerin wird sexuell belästigt
- jemand wird erpresst

BVK LP13 • Melanie Grade: Literaturprojekt „Ich hätte Nein sagen können“

Arbeitsblatt 18c

Rollenspiel: Wer muss gehen?

Die Schüler bilden mehrere Gruppen von 7–10 Mitspielern. Jeder schreibt einen Beruf und eine Eigenschaft der Person (z. B. schüchtern, humpelnd, humorvoll etc.) auf einen kleinen Zettel. Anschließend werden die Zettel gemischt und jeder Schüler muss eine der Rollen, die er im nachfolgenden Rollenspiel verkörpert, blind ziehen.

Nun wird den Gruppen mitgeteilt, sie wären Überlebende nach einem Flugzeugabsturz. Sie erfahren in einem letzten Funkspruch, dass es 8 Tage dauern wird, bis sie gerettet werden, da sie in einem schwierig zugänglichen Gebirge abgestürzt sind. Essen gibt es ausreichend. Das Problem der Gruppe besteht darin, dass der Wasservorrat nur für 6 Personen ausreichen wird.

Nun muss eine Entscheidung her, welches Gruppenmitglied „überleben" darf und welches nicht. Jeder Mitspieler soll argumentieren, warum ausgerechnet er das Recht haben sollte, zu überleben.

Es soll eine Gruppenabstimmung darüber stattfinden, wer „gehen" muss und wer bleiben darf.

Die Entscheidung soll nach einer vorher festgelegten Zeitspanne gefällt werden (Dauer ca. 45–60 Minuten).

Weitere Rollenspiel-Ideen

- Jemand aus der Gruppe gewinnt 5 Mio. Euro in der Lotterie.
  Zählt gute Gründe auf, warum gerade ihr die Person sein sollt (aus dieser Gruppe), die die 5 Mio. gewinnt.
- Alle aus der Gruppe haben sich beim Schüleraustausch (1 Jahr Amerika) beworben.

Diskussionsanregungen

- Wie hat sich die Gruppe verhalten?
- Gab es einen Anführer / Wortführer und wie hat er / sie sich verhalten?
- Welche Schüler waren aktiv und welche passiv? Warum haben sie sich so verhalten?
- Wie hat sich die einzelne Schülerin / der einzelne Schüler in der Rolle gefühlt?
- Wie hätten sich die Schüler ohne Rollenzuweisung, also als reale Person verhalten?

Gruppenarbeit:
Wie gut kennst du deine Mitschüler?

Nehmt kleine Zettel, schreibt auf einen euren Namen und sammelt alle ein. Auf die anderen Zettel schreibt ihr Fragen nach Wünschen, Hobbies, Ängsten etc. Faltet die Zettel dann so, dass die Fragen nicht mehr zu lesen sind.

Die Namenszettel werden jetzt gemischt. Nun werden Kleingruppen mit jeweils 4–8 Personen ausgelost.

Die Zettel mit den Fragen werden auch gemischt, gleichmäßig auf die Gruppen aufgeteilt und in die Mitte der Tische gelegt.

Der erste Schüler der Gruppe zieht einen Zettel und liest die Frage vor. Bevor er oder sie selbst darauf antwortet, sagt zunächst der Schüler, der rechts daneben sitzt, seine / ihre Antwort voraus.

Die Zettel, bei denen die Vorhersagen gestimmt haben, werden extra gesammelt.

Aufgaben:

1. Was habt ihr Neues über eure Mitspieler erfahren?
2. Welche Antworten haben euch überrascht?
3. Welche Fragen habt ihr vermisst?
4. Welche Fragen waren für euch schwer zu beantworten?

Arbeitsblatt 18d

Übung: Mobbing und Gewalt – meine persönliche Einschätzung
In die Mitte des Zimmers wird ein Kreidestrich gezogen. Diese Linie soll die „neutrale Linie“ sein.
Am Anfang der Übung stellen sich die Schüler und Schülerinnen auf diese Linie. Die eine Hälfte des Raumes steht für Zustimmung, die andere für Ablehnung. Nun liest die Lehrkraft Beispiele für Gewaltvorfälle vor (siehe Material anbei).
Jetzt müssen sich die Schüler entscheiden, was für den einzelnen Gewalt bedeutet und was nicht. Je größer die Zustimmung oder die Ablehnung ist, desto weiter entfernen sich die Schüler von der neutralen Linie in die entsprechende Hälfte des Raumes.
Nach jeder gefallenen Entscheidung werden ca. 4 SchülerInnen über ihr Motiv befragt, warum sie sich an der jeweiligen Stelle platziert haben. Es wird darüber nicht diskutiert, sondern ein Meinungsbild erstellt.

Beispiele für Gewaltvorfälle:
- Moritz wird auf Grund seiner pummeligen Figur immer gehänselt.
- Jan muss bestimmten Mitschülern täglich 2 Euro geben, damit er nicht verprügelt wird.
- Eine Schlägerei findet statt. Viele Schüler stehen dabei und feuern die beiden Prügelnden an. Ist das Anfeuern eine Form von Gewalt?
- Jana wird in Latein abgefragt und weiß nicht alle Vokabeln. Viele Mitschüler fangen an zu lachen.

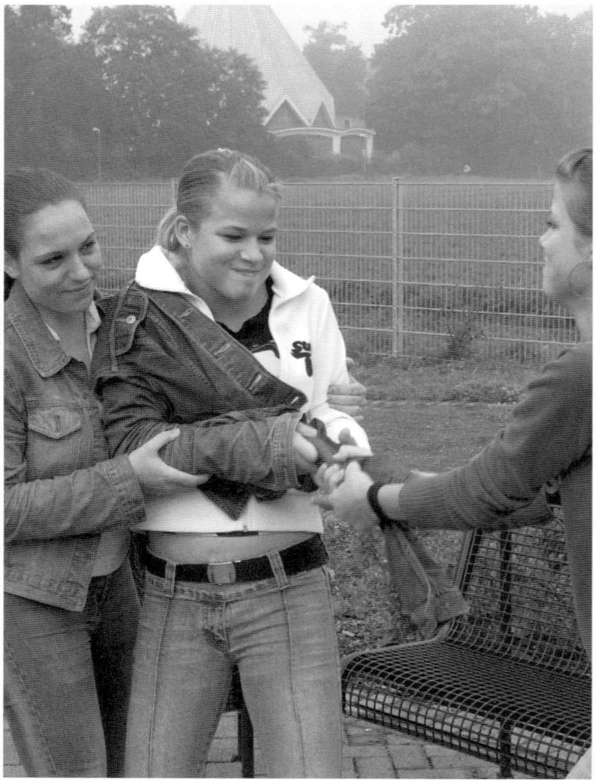

- Beim Fußballspielen foult ein Spieler den anderen so sehr, dass dieser ausgewechselt werden muss.
- Matthias sagt, er bastelt „aus Spaß“ an den Fahrradbremsen von Nicole herum.
- Mona verpetzt Ulla, weil die ihre Hausaufgaben abgeschrieben hat.
- Beim Boxkampf bluten beide Gegner, aber sie kämpfen weiter.
- Weil Kevin eine schlechte Note bekommen hat, sticht er mit einem Messer in die Reifen des Autos seines Lehrers.
- Sarah wird ständig wegen ihrer Kleidung gehänselt, weil die Familie kein Geld für neue hat.
- Thomas muss Kai jeden Tag seine Hausaufgaben aushändigen, damit dieser sie abschreiben kann.

Arbeitsblatt 19a

Alle hassen mich – nur du nicht (Seite 49–53)

Nora trifft Karin an der Bushaltestelle. Dort sagt Karin etwas, was Nora zu denken gibt.

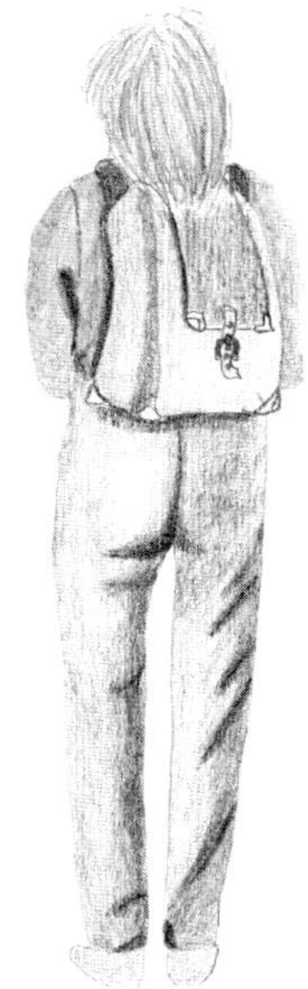

Aufgabe:
„Da kriegte ich ein Gefühl, als ob mir jemand einen Rucksack aufgehängt hat, der so schwer war, dass ich fast rückwärts umkippte.“
Was meint Nora damit?
Bearbeite das Arbeitsblatt (19b) mit dem Rucksack.
Wann hast du das Gefühl, dass dein „Rucksack“ zu schwer wird?

Erarbeite das „Gefühlsblatt“ (19c). Dabei sollst du dir überlegen, wann du dich so fühlst (ich fühle mich ängstlich, wenn ...)!
Wann hat sich Nora so gefühlt? Suche dir zu jedem „Gefühl“ ein Beispiel aus dem Buch heraus.
(Benenne hierbei kurz die Situation und gib die Seitenzahl an.)

Arbeitsblatt 19b

Mein Rucksack ist zu schwer, wenn ...

Arbeitsblatt 19c

„Gefühlsblatt“: *Ich fühle mich … , wenn …*

fröhlich

enttäuscht

glücklich

traurig

ängstlich

Arbeitsblatt 20

Hauptpersonen

Nun habt ihr schon so weit gelesen, dass es Zeit wird, sich die Personen noch einmal anzuschauen. Bisher hat das Buch viele Informationen über diese Personen geboten.

Aufgabe:
Lege auf einem Blatt eine Tabelle für folgende Personen an:
Nora, Sabina, Fanny, Emil, Tobbe. Ordne ihnen die einzelnen Stichworte zu. Hierfür kannst du die Stichworte ausschneiden und unter den passenden Namen kleben. Du kannst sie auch schriftlich übertragen.

- darf nicht im Dunkeln draußen sein
- Anton
- schwarze Haare
- gewaltige Brüste
- Dalarna
- darf kein eigenes Haustier haben
- kann Fanny nicht besonders gut leiden
- ist verliebt in Sabina
- mag Emil
- enge Jeans
- kann kein Fußball spielen
- schüttet Salz in Sabinas Milch
- Windpocken
- hat Sabina in den Ferien besucht
- bauchfreies T-Shirt
- schießt zwei Tore
- spielt Flöte
- schwarzer Pullover mit Silberaufdruck
- erzählt ständig von den Reisen des Vaters
- Hund Cookie
- Kalle
- ist Tobbes Freund
- Walkman
- bringt Cookie Kunststücke bei
- greift Karin auf dem Fußballfeld verbal an
- hört italienische Popmusik
- hässliche Klamotten
- Ferienlager
- schreibt Zettel im Unterricht
- hat beim Fußballspiel nur Augen für Tobbe

Arbeitsblatt 21

Verliebtsein (Seite 54)

Nora versteht die Welt nicht mehr. Sind denn alle verrückt geworden? Alle scheinen verliebt zu sein – nur sie nicht.

Aufgaben:

1. Nora sagt „Die Leute sind nicht ganz normal, wenn sie verliebt sind.“ Kannst du das bestätigen? Und inwiefern nicht „ganz normal“?
2. Warst du schon einmal verliebt? Was passiert mit einem? Versuche, es zu beschreiben.
3. Kennst du ein schönes Liebesgedicht oder eine Liebesgeschichte? Stelle sie den anderen vor.

Zusatzaufgabe:
Was sagt Erich Fried in seinem Gedicht aus? In welcher Form drückt er seine Gedanken aus?

Was es ist

Es ist Unsinn
sagt die Vernunft
Es ist was es ist
sagt die Liebe

Es ist Unglück
sagt die Berechnung
Es ist nichts als Schmerz
sagt die Angst
Es ist aussichtslos
sagt die Einsicht
Es ist was es ist
sagt die Liebe

Es ist lächerlich
sagt der Stolz
Es ist leichtsinnig
sagt die Vorsicht
Es ist unmöglich
sagt die Erfahrung
Es ist was es ist
sagt die Liebe

Erich Fried

aus: „Es ist was es ist“ © Verlag Klaus Wagenbach, Berlin 1983

Ob er manchmal an mich denkt?

Ob sie mich mag?

Arbeitsblatt 22

Alkohol (Seite 55–57)

Bei einem Ausflug in den Vergnügungspark Gröna Lund begegnen Sabina, Fanny und Nora Nadja, Sabinas Schwester. Durch Nadja wird ihr Ausflug getrübt, denn sie ist betrunken und benimmt sich sehr auffällig.

Aufgaben:

1. Sabina überspielt ihre Stimmung mit aufgesetzter Heiterkeit. Was hat sie gesehen, das sie eigentlich Besorgnis erregend findet?

2. Auch Sabinas Mutter scheint Probleme mit Alkohol zu haben. Tatsächlich werden die Gefahren des Alkohols unterschätzt. Besonders Jugendliche gehen meist unvorsichtig mit Alkohol um. Im Folgenden soll jeder Schüler der Klasse eine solche Karte ausfüllen und in einem neutralen Briefumschlag in einen Kasten/ Karton legen. Der Lehrer soll dann gemeinsam mit der Klasse die Ergebnisse auf einem großen Plakat/an der Tafel auswerten und gegebenenfalls thematisieren!

✂

Ich bin __________ Jahre alt.	**Ja**	**Nein**
Ich habe schon einmal Alkohol getrunken:	☐	☐
• im Kreis der Familie zu Festlichkeiten	☐	☐
• mit Freunden nachmittags, einfach so	☐	☐
• mit Freunden auf Partys	☐	☐
• mit Geschwistern, heimlich ohne Wissen der Eltern	☐	☐
• heimlich, alleine	☐	☐
Mir war schon einmal etwas schwummrig durch Alkohol.	☐	☐
Ich war schon einmal angetrunken.	☐	☐
Ich war schon einmal richtig betrunken.	☐	☐
Ich finde Alkoholtrinken cool.	☐	☐
Alkohol gehört für mich zu jeder Party dazu.	☐	☐
Ich kann mir ein Leben ohne Alkohol nicht vorstellen.	☐	☐

Auswertung: ___ x Ja ___ x Nein

Darum trinke ich Alkohol: ____

____

Arbeitsblatt 23

Nora – Sabina – Fanny

Höchste Zeit, dass wir uns der Dreierbeziehung „Fanny, Sabina und Nora“ zuwenden.

Aufgaben:

1. Auch der Ausflug nach Gröna Lund zeigt, dass Nora eigentlich die zweite Geige spielt. Dreierbeziehungen haben es immer in sich. Warum ist diese Konstellation so schwierig? Überlegt selbst einmal.

2. In der Lektüre schwankt es hin und her. Mal sind Fanny und Sabina klar auf der einen, Nora auf der anderen Seite. Dann nähert sich Sabina wieder Nora an und Fanny steht außen vor. Sucht zu den Figurenkonstellationen Beispiele aus dem Buch. In welcher Situation steht Nora ganz klar alleine und wann steht Fanny mal alleine da?

Fanny / Sabina ⟷ Nora ______________________________

____

____

Sabina / Nora ⟷ Fanny ______________________________

____

____

Was fällt euch dabei auf?

3. Vielleicht habt ihr euch auch schon gefragt, warum Nora nach wie vor die Freundschaft Sabinas sucht. Könnt ihr euch erklären, warum Nora nicht aufgibt?

____

____

4. Wie findet ihr Sabina? Hat sie es verdient, dass man sich so um ihre Freundschaft bemüht?

____

____

____

Arbeitsblatt 24

Klassenfestplanung und Walkman (Seite 58–69)

Wie du an den Angaben der Seitenzahlen erkennst, wollen wir nun größere Leseabschnitte behandeln. Wir sind jetzt mitten im Romangeschehen und möchten wissen, wie es weitergeht.

Zunächst einmal soll zur Verbesserung der Klassengemeinschaft ein Klassenfest veranstaltet werden. Und dann geschieht die Sache mit dem Walkman.

Aufgaben:

1. Warum, glaubst du, regt die Klassenlehrerin zur Förderung der Klassengemeinschaft ein Klassenfest an?
2. Denkt einmal über eure Klassengemeinschaft nach. Ist sie gut oder eher nicht? Was müsste man verändern, verbessern? Wie könnte man das tun? Wäre auch bei euch ein Klassenfest dazu geeignet? Ist es überhaupt wichtig, dass man eine gute Klassengemeinschaft hat? Warum?
3. Nora läuft zurück in die Klasse, um Sabinas Walkman zu holen. Warum tut sie das?
4. Als sie wieder zurück ist, sind Fanny und Sabina verschwunden. Wie fühlt sich Nora in diesem Moment?
5. Warum steckt Nora den Walkman in die Kommodenschublade und gibt ihn nicht an Sabina zurück?
6. Am nächsten Tag lügt Nora Sabina an und behauptet, dass der Walkman nicht dagewesen sei. Warum tut sie das?
7. Was bedeutet der Verlust des Walkmans für Sabina?
8. Im Gespräch zwischen Sabina und Nora deutet Nora etwas an. Weißt du, wovon die Rede ist? Lies auf Seite 68 nach. Warum redet Nora in dieser Art und Weise?

Arbeitsblatt 25

Taschengeld

Mache dir nun ein paar Gedanken:
Du hast lange gespart, um dir etwas zu kaufen. Du wolltest es unbedingt haben, hast dafür extra Aufgaben angenommen, um Geld zu verdienen, hast dein Taschengeld gespart.
Welche Bedeutung hat der Gegenstand für dich, wenn du ihn dir endlich leisten kannst? Wie wirst du mit ihm umgehen?

Wertet als Klasse aus:

Wie viel Taschengeld bekommt ihr pro Monat von den Eltern?

___

Wie viel spart ihr davon?

___

Was bekommt ihr noch nebenbei von Oma / Opa / Nachbarn etc. zugesteckt?

___

Verdient ihr euch noch etwas hinzu? Wie viel?

___

Wofür gebt ihr euer Taschengeld aus?

___

___

Was wäre momentan etwas, was du furchtbar gerne hättest, worauf du aber noch lange sparen musst?

___

___

___

___

Arbeitsblatt 26

Sabina und Nora

Dass die beiden beste Freundinnen waren, fällt fast ein wenig schwer zu glauben. Es wird Zeit, dass du für Nora das Wort ergreifst. Da du keinen Streit willst, sollst du dir gut überlegen, wie du dich Sabina mitteilst. Schreibe ihr einen Brief, in dem du ihr deutlich machst,

- wie du dich fühlst,
- wie du die Situation seit den Sommerferien empfindest,
- was dich enttäuscht hat,
- womit du Schwierigkeiten hast,
- wie du über Fanny denkst – vielleicht auch über Tobbe,
- was du dir für die Zukunft wünschst,
- was du vermisst.

Oder: Versetze dich in Tobbes Lage. Du bist verliebt in Sabina, siehst jedoch, dass sie sich Nora gegenüber nicht mehr so freundschaftlich verhält. Sabina antwortet auf deine Fragen!

Frage sie:

- warum das so ist,
- weshalb sie lieber mit Fanny befreundet ist,
- was sie gegen Nora hat, weshalb sie nach dem Fußballspiel so komisch war,
- warum sie Nora nicht klipp und klar sagt, dass sie ihre Freundschaft nicht mehr will – wenn sie sie nicht mehr will.

Schreibe die Antworten auf
(oder: Sprich sie auf eine Kassette;
„spiele“ sie vor ...).

Arbeitsblatt 27

Die Familien (Seite 79–85)

Eltern und Geschwister nehmen großen Einfluss auf die Entwicklung eines Menschen, auf seine Einstellungen, auf sein Verhalten. Daher ist es interessant, einmal die Familien unserer Hauptpersonen etwas genauer unter die Lupe zu nehmen. Mit Hilfe der Tabelle auf dieser Seite kannst du dir schnell einen Überblick verschaffen. Für den Überblick reichen zunächst Stichworte.

Kriterien	Noras Familie	Sabinas Familie	Fannys Familie	Karins Familie
Beschreibung der Wohnung/ des Hauses				
Beschreibung der Eltern bzw. der Freunde				
Beschreibung der Geschwister				
Wie steht die Person zu ihren Eltern/ ihrer Familie?				
Sonstiges				

Zusatzaufgabe:
Beschreibe nun eine der Familien genau.
Formuliere hierbei deine Stichworte aus, sodass ein zusammenhängender Text entsteht.

Arbeitsblatt 28

Schwanger mit 16!

Mit 16 schwanger zu werden, das birgt viele Probleme in sich!
Was für Probleme/Schwierigkeiten können auf jemanden zukommen?

____

____

Was könnte dem Mädchen/dem angehenden Vater gut helfen, mit der Situation zurechtzukommen?

____

____

Stelle dir vor, ein Mädchen aus deiner Klasse würde mit 16 schwanger werden.
Wie würdest du dich ihr gegenüber verhalten?

____

____

Aufgabe:

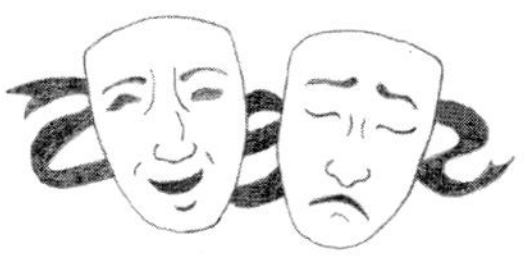

Erarbeitet ein Rollenspiel. Hierbei unterhalten sich mehrere Personen im Alter von ca. 16 Jahren.
Die eine erzählt der anderen/den anderen von der Schwangerschaft von XY.
Spielt das Gespräch nach:

Ein Mädchen erzählt einem Jungen, dass es von ihm schwanger ist.
Ein Junge erzählt einem anderen, dass XY von ihm schwanger ist.
Ein Junge/Mädchen erzählt den Eltern von der Schwangerschaft.
Ein Junge/Mädchen erzählt dem besten Freund/der besten Freundin von der Schwangerschaft.

Wertet die Gespräche in der Klasse mit dem Lehrer aus.

Zusatzaufgabe:

Es gibt Mädchen, die gezielt schon mit 16 Jahren schwanger werden möchten:

- Warum könnten sie diesen Wunsch haben?
- Wie würdest du reagieren, wenn deine 16-jährige Freundin dir erzählte, dass sie sehr gerne bald schwanger wäre?

Arbeitsblatt 29

Das Klassenfest (Seite 90–101)

Das Klassenfest verläuft nicht so, wie es sich die Schülerinnen und Schüler vorgestellt hatten. Es nimmt eine andere Wendung, als eigentlich geplant war. Einigen ist das Klassenfest zu kindisch. Sie möchten gerne „Wahrheit oder Pflicht“ spielen.

Aufgaben:

1. Kennst du das Spiel „Wahrheit oder Pflicht“? Würdest du dieses Spiel mit jedem spielen? Begründe deine Antwort.
2. Hast du schon peinliche oder lustige Erfahrungen mit dem Spiel gemacht? Berichte darüber.
3. Warum verlässt Nora so überstürzt das Klassenfest? Versuche, dich in ihre Lage zu versetzen.

Info: „Wahrheit oder Pflicht“

Wer nicht weiß, wie das Spiel „Wahrheit oder Pflicht“ funktioniert, kann dies hier nachlesen. Man kann dieses Spiel mit mehreren Personen spielen.

So wird es im Buch gespielt:
Eine Person beginnt und fragt eine andere Person ihrer Wahl: „Wahrheit oder Pflicht?“ Der oder die Gefragte muss sich entsprechend für „Wahrheit“ oder „Pflicht“ entscheiden. Dabei weiß derjenige jedoch nicht, wie die Frage oder die Aufgabe lautet.
Es wird dann entweder eine Frage (mit der „Wahrheit“) beantwort, oder eine Aufgabe (die Erfüllung der Aufgabe ist die „Pflicht“) erfüllt.
Anschließend darf diese Person die nächste auswählen.

Alternativ kann das Spiel aber auch so gespielt werden:
Ihr setzt euch in einen Kreis und lasst die Flasche entscheiden, wer als erster an der Reihe ist.
Derjenige, der als erster die Flasche dreht, darf denjenigen, auf den der Flaschenhals zeigt, die „Wahrheit oder Pflicht“-Frage stellen. Im weiteren Verlauf geht ihr so vor, wie oben beschrieben. Dabei dreht derjenige, der an der Reihe war, anschließend die Flasche etc.

Arbeitsblatt 30

Zigaretten (Seite 102–108)

Nora ändert ihre „Taktik“ im Umgang mit Fanny.
Zigaretten spielen für Nora und die Clique eine Rolle.

Aufgaben:

1. Was meint Nora, wenn sie sagt, dass sie nun nach Fannys Regeln spielen muss?

2. Zigaretten sind der Schlüssel zur Clique. Doch welche Gefahren das Zigarettenrauchen birgt, ist Nora in diesem Augenblick egal. Es wäre interessant und wichtig, sich in der Klasse einmal etwas intensiver mit dem Thema Rauchen zu beschäftigen.
   Bildet nun Grupen von 4–5 Personen. Führt zunächst einmal eine Umfrage durch. Als Hilfe dient der Fragebogen, der auf dieser Seite abgebildet ist. Anschließend müsst ihr die Fragebögen intensiv und gewissenhaft auswerten.
   Tragt eure Gruppenergebnisse der Klasse vor. Bemüht euch um Anschaulichkeit. Dann führt ein gemeinsames Gespräch in der Klasse über das Thema „Rauchen“. Sinnvoll wäre es auch, wenn sich einige Schüler sachlich mit dem Thema auseinander setzen und die Klasse z. B. in einem kurzen Referat oder mit Hilfe einer Infowand o. Ä. aufklären würden.

	Jungen	Mädchen
Nichtraucher		
Raucher		
Wie viele Zigaretten rauchst du im Durchschnitt?		
Wann und wo rauchst du meistens?		
Aus welchen Gründen rauchst du?		
Woher nimmst du das Geld für deinen Zigarettenkonsum?		
Machst du dir Gedanken über deine Gesundheit? Begründe deine Antwort.		
Bist du über die gesundheitlichen Gefahren des Rauchens ausführlich aufgeklärt?		
Wenn ja, wodurch? Von wem?		

Arbeitsblatt 31

Löcher in den Ohren, ein BH mit Spitzen und Diebesgut (Seite 109–129)

Nora geht mit Fanny und Sabina zu Fanny nach Hause. Dort erzählt Nora eine Geschichte von einem Jungen, mit dem sie in den Ferien zusammen gewesen sei. Als Fanny und Sabina ihr Löcher für Ohrringe in die Ohren stechen wollen, flüchtet sie.

Anschließend geht sie ins Kaufhaus und – aus einer plötzlichen Laune heraus – stiehlt sie einen schwarzen BH mit Spitze.

Aufgaben:

1. Warum, glaubst du, erzählt Nora die Geschichte von einem Freund in den Ferien?
2. Den Diebstahl des BHs beschreibt Nora so: „Ich wusste nicht, warum ich es tat, aber ich steckte ihn in meine Jackentasche. Dann ging ich an der Kasse vorbei und niemand hielt mich auf." (S. 114)
   Kannst du dir Noras Verhalten erklären? Beschreibe ihre derzeitige Gefühlslage.
3. Das, was Nora macht, ist Diebstahl.
   Was für Konsequenzen hätte es gehabt, wenn sie erwischt worden wäre?
4. Nora erkennt selbst, dass es sich bei dem BH und dem Walkman um Diebesgut handelt. Sie versteckt die Dinge in ihrer Kommode. Wie fühlt sie sich dabei?
5. Beschreibe die Situation, als Nora bei Karin zu Besuch ist: Wie fühlt sich Nora, wie Karin?
6. Eltern im Aufräumwahn! Manchmal kommen dabei Dinge zutage, die nicht für deren Augen bestimmt sind. Dies muss auch Nora durchleiden.
   Beschreibe die Situation bei Nora zu Hause, als ihre Mutter den Walkman findet.
7. Wie versucht Nora, ihre Probleme zu lösen?

BVK LP13 • Melanie Grade: Literaturprojekt „Ich hätte Nein sagen können"

NEIN

Arbeitsblatt 32

Der wieder aufgetauchte Walkman (Seite 130–133)

Manchmal kommt es anders, als man denkt.
Sabina findet ihren Walkman wieder, aber anders als von Nora geplant!

Aufgaben:

1. Nora hat den Walkman Karin anvertraut mit der Bitte, ihn in Sabinas Pult zu legen. Was macht Karin stattdessen?

2. Warum legt Karin den Walkman in das andere Pult?

3. In welche Lage bringt Fanny Nora damit? Sabina und Fanny streiten, dabei deutet Fanny Dinge an, die sie von Nora erfahren hat. Was ist das?

Arbeitsblatt 33

Vor der Fete (Seite 134–138)

Plötzlich stehen Sabina und Fanny vor Noras Tür. Sie erfährt von den beiden Mädchen, dass sie Karin als Diebin des Walkman verdächtigen.

Aufgaben:

1. Was wäre Noras Pflicht gewesen? Wie hätte sie sich verhalten müssen?

2. Nora wird unter der Bedingung zu Fannys Fete eingeladen, dass sie Karin mitbringt. Würdest du unter solchen Voraussetzungen eine Einladung annehmen?

3. Sabina und Fanny geben offen zu, dass sie sich während der Party an Karin rächen wollen. Nora kennt die beiden und wird sich denken können, dass diese Rache nicht angenehm ausfällt. Was tut sie jedoch?

4. Überlegt euch Gründe, warum sich Nora so verhält.

5. Was geht aus dem Tagebucheintrag auf Seite 138 hervor? Hat Nora gewusst, was mit Karin geschehen würde? Gesteht sich Nora ihre Schuld ein?

Arbeitsblatt 34

Die Fete (Seite 139–148)

Bei der Fete entscheidet Fanny plötzlich: „Jetzt spielen wir 'Wahrheit oder Pflicht'.“ Fanny und Sabina hatten sich einen besonderen Plan für Karin ausgedacht. Und bei dem Spiel „Wahrheit oder Pflicht“ sollte er in die Tat umgesetzt werden.

Aufgaben:

1. Beurteile das Verhalten von Fanny und Sabina.
2. Wie wird sich Karin in dieser Situation gefühlt haben?
3. Wie hat sich Nora verhalten? Beurteile ihr Verhalten. Hätte sie – jetzt noch – NEIN sagen können? Warum hat sie es nicht getan?
4. Warum gibt Karin zu, dass sie den Walkman gestohlen hat?
5. Entwickelt ein Rollenspiel mit verteilten Rollen und spielt die Partyszene, in der es um das Spiel „Wahrheit oder Pflicht“ geht, nach. Versetzt euch dabei in die jeweiligen Figuren hinein:
   - in die grölenden Jungen, die Karin anfeuern
   - in Fanny, die genau berechnet, was passiert
   - in Sabina, die auf Rache schwört
   - in Nora, die mitmacht
   - in Karin, die die „Pflicht“ erfüllen soll
   - in die anderen beteiligten Partygäste

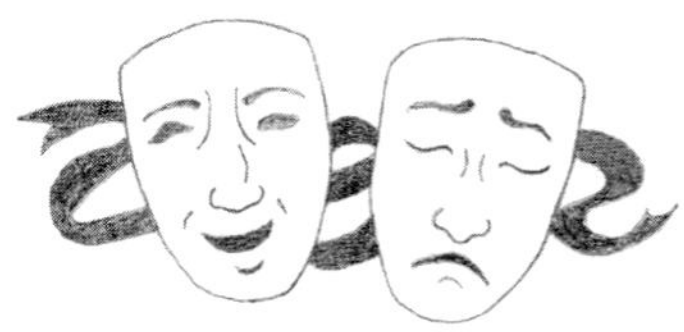

6. Besprecht anschließend das Rollenspiel intensiv im Kreisgespräch. Hier soll jeder schildern, wie er sich während des Spiels gefühlt hat.

Arbeitsblatt 35

„... als ob ich ins bodenlose Nichts fiele.“ (Seite 149)

In ihrem Tagebucheintrag beschreibt Nora ihre Gefühle nach Fannys Fete. Sie hatte ein Gefühl, „als ob ich ins bodenlose Nichts fiele. Das Herz hämmerte und der Schweiß brach mir aus. (...) Die Leere war in mir. Ein schwarzes Loch, das alles aufsog.“

Aufgaben:

1. Warum beschreibt Nora ihre Gefühle nach Fannys Fete in dieser Form? Was will sie damit ausdrücken?

2. Lässt sich ihr Gefühl mit „Sie hatte ein schlechtes Gewissen“ umschreiben oder war ihr Gefühl noch ein anderes, stärkeres?

Arbeitsblatt 36

Nebel (Seite 150–151)

Nora besucht mit ihrer Familie das Grab des Großvaters. Sie ist in trüber Stimmung, ebenso wie das Wetter.

Aufgaben:

1. Nora fühlt sich schlecht. Inwiefern passt das Wetter zu ihrer Gefühlslage?

2. Weswegen weint Nora am Grab des Großvaters?

3. Zu Hause fragt sie, ob jemand angerufen habe. Wessen Anruf könnte sie erwartet haben?

Arbeitsblatt 37

Nora hätte NEIN sagen können (Seite 152)

Nora hätte ‚nein' sagen können. Das muss sie selbst erkennen.

Aufgaben:
Es gibt in dem Buch mehrere Stellen, an denen Nora „nein“ oder „halt“ hätte sagen können. Doch sie sagt selbst, dass sie das nicht getan hat.

„Für alles, was ich im Herbst getan habe, gibt es einen Grund.“

1. Bestimmt die Stellen im Buch, in denen sie „nein“ oder „halt“ hätte sagen können. Beschreibt die Situation kurz.

2. Anschließend überlegt ihr euch Gründe, warum sie eben nicht „nein“ oder „halt“ gesagt hat.

Seite	Das ist die Situation / das ist passiert	Deshalb hat Nora nicht ‚nein' gesagt

Arbeitsblatt 38

Karin ist fort (Seite 153–157)

Die Stimmung in der Klasse ist mehr als gedrückt. Karins Mutter räumt den Platz ihrer Tochter leer. Und auch Nora will „reinen Tisch“ machen.

Aufgaben:
Die Stimmung in der Klasse ist gedrückt. Als Karins Mutter die Klasse betritt, ist es totenstill.
Karins Mutter fragt nach Sabina und Fanny. Sie sagt: „Ich wollte nur wissen, wie ihr ausseht, wie Kinder aussehen, die so was tun können.“ Sabina und Fanny reagieren unterschiedlich darauf.

1. Beschreibe kurz, wie die beiden Mädchen sich verhalten.
2. Sabina will sich nach der Schule mit Nora treffen.
   Wie reagiert Nora darauf und warum?
3. Nora ruft Karin an. Was will sie ihr erzählen? Und warum legt sie dann auf?
4. Nun ist es Zeit, alles zu erzählen. Noras Mutter befreit sich vom Ballast „Felix“ und Nora will sich von dem Ballast befreien, der auf ihrer Seele liegt.
   Sie erzählt ihrer Mutter alles. Übernimm dies für Nora und erzähle oder schreibe auf, was du an Noras Stelle der Mutter mitteilen würdest.

Arbeitsblatt 39

Nora und ihre Mutter

Nachdem Nora sich alles von der Seele geredet hat, schreibt sie kurz in ihr Tagebuch.

Aufgaben:

1. Ihr kennt das auch. Wenn man endlich alles gebeichtet hat, fühlt man sich unendlich erleichtert. Habt ihr eine solche Situation auch schon einmal erlebt? Schreibt sie auf oder berichtet den anderen davon.

2. Noras Mutter ist mal verliebt, mal trennt sie sich wieder. Eine schwierige Situation nicht nur für sie, sondern auch für die Kinder. Sie versucht jedoch erst einmal, Nora alles zu erzählen. Wie reagiert Nora darauf?

3. Nach all den Lügen und all dem Chaos der letzten Wochen: Wie ist das Verhältnis nun zwischen Nora und ihrer Mutter?
   Wird sich Noras Mutter vielleicht auch Vorwürfe machen?

Arbeitsblatt 39

Nora und Sabina

Nora und Sabina, ehemalige beste Freundinnen. Beschreibe ihre Beziehung im Laufe des Buches. Wann gibt es Annnäherungen, wann gehen die beiden weit auseinander? Beschreibe den Zeitpunkt (Seitenangaben), schreibe stichwortartig dazu, was passiert. Ergänzend notierst du, warum es sich hierbei um eine Annäherung bzw. eine Entfernung handelt.

Seitenangabe	das passiert	deshalb ist es eine Annäherung	deshalb ist es eine Entfernung

Gibt es für Nora und Sabina deiner Meinung nach eine Chance, wieder Freundinnen zu werden?
Was müssen beide tun, um wieder „normal“ miteinander umgehen zu können?
Die gleiche Tabelle kannst du auch für Sabina und Fanny, Fanny und Nora oder Karin und Nora erstellen.

Zusatzaufgabe:
Vielleicht fällt dir noch eine andere Möglichkeit ein, die Inhalte der Tabelle auszuwerten?

Arbeitsblatt 40

So endet das Buch

Die Tür wird einen Spalt geöffnet ...
Die Geschichte hat kein Happy End im klassischen Sinne. Wir wissen nicht, was passiert! Schreibe die Geschichte weiter.

- Wird Karin Nora hereinlassen, wird sie sich mit ihr an der Tür unterhalten?
- Wird sie die Tür zuschlagen?

Überlege Dir ein letztes Kapitel
und beende das Buch auf deine Weise.

Arbeitsblatt 41

Lieblingsszenen

Was war deine Lieblingsszene im Buch? Schreibe sie doch einmal aus der Sicht einer anderen beteiligten Person um. Berücksichtige dabei deren Gedanken und Gefühle.

Lies die Szene anschließend deinen Mitschülern vor. Erkennen sie die Szene aus dem Buch wieder? Worin besteht der Unterschied zum Original?

Buchkritik von ____________________

Schreibe eine Buchkritik zu „Ich hätte Nein sagen können“.

Titel des Buches

____

Autorin ____________________

Verlag ____________________

Illustratorin ____________________

Seitenzahl ____________________

Kapitel ____________________

Meine Lieblingsfigur ist

____

Das finde ich an ihr gut

____

Das gefällt mir nicht

____

Diese Figur mag ich am wenigsten

____

Begründung

____

Diese Stelle im Buch hat mich am meisten persönlich angesprochen:

____

____

An dieser Szene hätte sich meine Lieblingsfigur anders verhalten müssen:

____

____

Dieser Person würde ich gern meine Meinung sagen. Und zwar:

____

Das hat mir am Buch nicht so gefallen:

____

____